ALFAGUARA
INFANTIL-JUVENIL

MARÍA ELENA WALSH
Canciones para Mirar

Ilustraciones
SILVIA JACOBONI (PERICA)

ALFAWalsh

2000, María Elena Walsh

De esta edición:

2000, Aguilar, Altea, Taurus, Alfaguara S.A.
Beazley 3860 (1437) Buenos Aires

ISBN: 950-511-640-3

Hecho el depósito que marca la ley 11.723
Impreso en Argentina. Printed in Argentina
Primera edición: setiembre de 2000

Dirección editorial: Herminia Mérega
Subdirección editorial: Lidia Mazzalomo
Edición: María Fernanda Maquieira
Seguimiento editorial: Verónica Carrera
Diseño y diagramación: Michelle Kenigstein

Una editorial del Grupo **Santillana** que edita en:
España • Argentina • Bolivia • Brasil • Colombia
Costa Rica • Chile • Ecuador • El Salvador • EE.UU.
Guatemala • Honduras • México • Panamá • Paraguay
Perú • Portugal • Puerto Rico • República Dominicana
Uruguay • Venezuela

Canciones para Mirar

EL LIBRO DE LOS PAPELITOS

¿Por qué este libro se llama así? Es una larga historia, pero trataré de hacerla corta.

Éstas y todas las canciones del mundo fueron hechas para ser cantadas y a menudo el cantor se vale de un papelito con la letra por si le falla la memoria: éste es el libro con esos papelitos.

Al principio de los principios, esta colección se llamó Canciones para Mirar porque formaba parte de un espectáculo teatral. Los actores, bailando y haciendo pantomima, se disfrazaron de Mona Jacinta, de Mambrú, de Vaca Estudiosa, y armaron una serenata que se podía mirar.

Este espectáculo se estrenó allá por 1962 en el Primer Festival de Teatro para Niños de la ciudad de Necochea. Gustó mucho a chicos y a grandes y pasó al hermoso Teatro San Martín de Buenos Aires.

Después, otras canciones integraron una comedia llamada Doña Disparate y Bambuco, en la que debutó muy oronda

Manuelita, y el Mono Liso jugó con una naranja común y silvestre que a los chicos les pareció amaestrada.

Pasaron los años, y estas pantomimas salpicadas de diálogos y chistes volvieron a representarse muchas veces, con distintos actores y en varios países.

Pero lo mejor de la historia es que inmediatamente los chicos y sus maestras copiaron, adaptaron, cambiaron, mejoraron o estropearon este repertorio y lo usaron para jugar y divertirse.

Así fue como pasó de los teatros a plazas de pueblo, salitas de preescolar, patios de escuela o pasillos de hospitales. Tuve la suerte de presenciar, en humildísimos colegios o asilos de nuestro país, la gran fiesta de fin de curso. Ahí se lucían los pichones de actores, vestidos con ropa de papel y enredándose entre cortinas de trapo viejo pintarrajeado.

Desde entonces hasta hoy, resulta que en cada función los artistas y el público fueron y son felices. Al parecer, estas canciones no son viejas ni nuevas sino, como escribió Victoria Ocampo, son "del color del tiempo".

M. E. W.

LA MONA JACINTA

La mona Jacinta
se ha puesto una cinta.

Se peina, se peina,
y quiere ser reina.

Mas la pobre mona
no tiene corona.

Tiene una galera
con hojas de higuera.

Un loro bandido
le vende un vestido,

un manto de pluma
y un collar de espuma.

9

Al verse en la fuente
dice alegremente:

—¡Qué mona preciosa,
parece una rosa!

Levanta un castillo
de un solo ladrillo,

rodeado de flores
y sapos cantores.

La mona cocina
con leche y harina,

prepara la sopa
y tiende la ropa.

Su marido mono
se sienta en el trono.

Sus hijas monitas
en cuatro sillitas.

EL GATO CONFITE

Al gato Confite
le duele la muela,
y no va a la escuela.

Muy alta, muy seria,
su pena gatuna
llega hasta la luna.

La carne picada
se quedó hace rato
dormida en el plato.

Papel papelito
cuelga de un hilito
finito, finito.

La casa está quieta,
todos los ratones
en sus camisones.

Los chicos se acercan,
besan a Confite
para que no grite.

El perro dentista
le ha recetado
bombón de pescado.

No hay nada más triste,
más triste que una
tristeza gatuna,
gatuna, gatuna.

CANCIÓN DE TÍTERES

Da la media vuelta,
toca el cascabel,
roba caramelos
en el almacén.

A ver, a ver, a ver...

Me caigo, me caigo,
me voy a caer.
Si no me levantan
me levantaré.

A ver, a ver, a ver...

Diez y diez son cuatro,
mil y mil son seis.
Mírenme señores
comiendo pastel.

A ver, a ver, a ver...

Por la calle vienen
la Reina y el Rey,
un oso de miga
y otro de papel.

A ver, a ver, a ver...

Este gran secreto
sólo yo lo sé:
cuando llueve, llueve.
Cuando hay luz se ve.

A ver, a ver, a ver...

Contemos un cuento,
una, dos y tres,
que acabe al principio
y empiece después.

A ver, a ver, a ver...

Los espadachines,
con un alfiler,
pinchan a la estrella
del amanecer.

A ver, a ver, a ver...

CANCIÓN DE LAVANDERA

Lávate paloma,
con aire mojado,
las patas y el pico,
la pluma y el vuelo volando volando.

Lávate la sombra,
luna distraída,
con jabón de estrella
y espuma de nube salina salina.

Lávate las hojas,
dormido verano,
con agua llovida
y esponja de viento salado salado.

El aire me lava,
la luz me despeina,
la traviesa espuma
me pondrá peluca de reina de reina.

LA VACA ESTUDIOSA

Había una vez una vaca
en la Quebrada de Humahuaca.

Como era muy vieja, muy vieja,
estaba sorda de una oreja.

Y a pesar de que ya era abuela
un día quiso ir a la escuela.

Se puso unos zapatos rojos,
guantes de tul y un par de anteojos.

La vio la maestra asustada
y dijo: —Estás equivocada.

Y la vaca le respondió:
—¿Por qué no puedo estudiar yo?

La vaca, vestida de blanco,
se acomodó en el primer banco.

Los chicos tirábamos tiza
y nos moríamos de risa.

La gente se fue muy curiosa
a ver a la vaca estudiosa.

La gente llegaba en camiones,
en bicicletas y en aviones.

Y como el bochinche aumentaba
en la escuela nadie estudiaba.

La vaca, de pie en un rincón,
rumiaba sola la lección.

Un día toditos los chicos
se convirtieron en borricos.

Y en ese lugar de Humahuaca
la única sabia fue la vaca.

EL PEZ TEJEDOR

Al pez se le antoja
sentarse en la silla.
El agua lo moja
bajo la canilla.

Saca las agujas,
se pone a tejer.
Las ranas granujas
lo vienen a ver.

Al pez se le antoja
quedarse sentado.
El agua lo moja,
ya está bien mojado.

Abre su sombrilla
de hierba y de hoja,
se sienta en la silla
y el agua lo moja.
Porque se le antoja.

LOS CASTILLOS

Los castillos se quedaron solos,
sin princesas ni caballeros.
Solos a la orilla de un río,
vestidos de musgo y silencio.

A las altas ventanas suben
los pájaros muertos de miedo.
Espían salones vacíos,
abandonados terciopelos.

Ciegas sueñan las armaduras
el más inútil de los sueños.
Reposan de largas batallas,
se miran en libros de cuentos.

Los dragones y las alimañas
no los defendieron del tiempo.
Y los castillos están solos,
tristes de sombras y misterio.

MILONGA DEL HORNERO

Pasto verde, pasto seco
en San Antonio de Areco.

El hornero don Perico
hace barro con el pico.

Un gorrión pasa y saluda:
—¿No necesitan ayuda?

—No precisamos ladrones
—le contestan los pichones.

Cuando el nido está acabado
dan un baile con asado.

Doña Perica la hornera
baila zamba y chacarera.

Vuelve el gorrión atorrante
vestido de vigilante.

Haciéndose el distraído
roba miguitas del nido.

—¡Papá! —gritan los pichones—,
¡han entrado los ladrones!

Don Perico ve al gorrión
y lo obliga a ser peón.

Doña Perica lo llama
y lo toma de mucama.

Los pichones, de niñera
que les dé la mamadera.

El gorrión lava y cocina,
barre, plancha, cose y trina.

Miren miren qué primor,
un ladrón trabajador.

LA BRUJA

La bruja, la bruja
se quedó encerrada
en una burbuja.

La bruja, la boba,
con escoba y todo
con todo y escoba.

Está prisionera,
chillando y pateando
de mala manera.

Tiene un solo diente,
orejas de burro
y un rulo en la frente.

Que llore, que gruña,
que pique su cárcel
con diente y con uña.

25

El loro la chista,
se ríe y la espía
con un largavista.

A su centinela,
lechuza mirona,
le da la viruela.

Que salte, que ruede,
que busque la puerta,
que salga si puede.

¡Se quedó la bruja
presa para siempre
en una burbuja!

CANCIÓN DEL PESCADOR

Pez de platino,
fino, fino,
ven a dormir en mi gorro marino.

Perla del día,
fría, fría,
ven a caer en mi bota vacía.

Feo cangrejo,
viejo, viejo,
ven a mirarte el perfil en mi espejo.

Flaca sirena,
buena, buena,
ven a encantar mi palacio de arena.

Señora foca,
loca, loca,
venga a tocar el tambor en la roca.

Pícara ola,
sola, sola,
ven a jugar con tu traje de cola.

Un delfín
que toque el violín
voy a pescar con mi red marinera,

y me espera
para bailar,
loca de risa la espuma del mar.

LA FAMILIA POLILLAL

La polilla come lana
de la noche a la mañana.

Muerde y come, come y muerde
lana roja, lana verde.

Sentadita en el ropero
con su plato y su babero,

come lana de color
con cuchillo y tenedor.

Sus hijitos comilones
tienen cunas de botones.

Su marido don Polillo
balconea en un bolsillo.

De repente se avecina
la señora Naftalina.

Muy oronda la verán,
toda envuelta en celofán.

La familia polillal
la espía por un ojal,

y le apunta con la aguja
a la Naftalina bruja.

Pero don Polillo ordena:
—No la maten, me da pena;

vámonos a otros roperos
a llenarlos de agujeros.

Y se van todos de viaje
con muchísimo equipaje:

las hilachas de una blusa
y un paquete de pelusa.

LA RATITA OFELIA

La ratita Ofelia,
con su cola fina,
amaneció muerta en la piscina.

Qué triste, qué sola
flotaba y se iba
con la barriguita para arriba.

Barriguita gris,
cola que dormía
en el agua fría fría fría.

A su alrededor,
hojas y ramitas
coloradas, verdes y marchitas.

La ratita Ofelia
que se moja moja
¿quiso navegar en una hoja?

¿O quiso mirarse
la trompa rosada
porque estaba muy enamorada?

¿Se cayó en el agua
disparando de unos
ojos amarillos y gatunos?

Una rana loca
que está de visita
dice: ¡pobrecita, pobrecita!

Allá se va muerta,
con su gran pollera
hecha de hojas de la primavera.

VILLANCICO NORTEÑO

En un ranchito de adobe
ha nacido el Niño Dios.
Aquí vengo con mi caja
a cantarle una canción.
La Virgen come manzanas,
San José tiene calor.

Por la quebrada vienen
los Reyes Magos,
cargados de alfeñiques,
miel y duraznos.

Miel y duraznos sí,
para la guagua
que nos está mirando
dentro del alma.

Llora en su cuna de paja
el Niño muerto de sueño.
Con sus alas lo abanican

ángeles catamarqueños.
La Virgen oye los pájaros
y San José cuenta un cuento.

Por la quebrada vienen
los Reyes Magos;
traen un poncho fino
y otros regalos.

Y otros regalos sí,
para la guagua
que ha venido a salvarnos
de cosas malas.

Por la ventana del rancho
espían los animales.
Una corzuela curiosa
abre los ojos muy grandes.
La Virgen peina sus trenzas
y San José toma mate.

Los Reyes Magos vienen
por la quebrada.
Traen dulce de tuna,
leche de cabra.

Leche de cabra sí,
para la guagua.
Dios misericordioso
que nos ampara.

Todavía no han llegado
los doctores ni los ricos.
Sólo vinimos los pobres,
animales y changuitos.
La Virgen nos acaricia
y San José nos bendijo.

Por la quebrada abajo
traen los Reyes
una corona de oro
y otros juguetes.

Y otros juguetes sí,
para la guagua,
que nació para darnos
fe y esperanza.

CALLES DE PARÍS

París con gabán de pizarra.
París con peluca de nieve.
Los parques vacíos de niños
se cubren de sueño celeste.

Las calles mojadas recogen
el canto de un ciego. Oscurece.
Detrás de todas las ventanas
humea la sopa caliente.

Las torres se caen al río.
El ómnibus cruza los puentes.
Se hielan allá en los museos
las barbas en flor de los reyes.

Faroles que abren el ojo.
Guardianes que cierran canceles.
Detrás de todas las ventanas
los niños harán los deberes.

MARCHA DEL MICHIMIAU

Confite Michimiau es empleado
en una usina de ronrón.
Duerme, réqueteduerme todo el día.
Ronca, réqueterronca dormilón.

Ton es el Capitán de Ratipumba,
tiene dos sables y un bastón.
Pincha, réquetepincha ratoncito
la cola de Confite dormilón.

Confite le dispara una amenaza,
¡fffff! un tiro de sifón.
Se pisa los bigotes pero avanza
a paso redoblado y redoblón.

Ton dice: —Usted disculpe, mister X,
lo confundí con un botón,
vine con mis agujas a coserlo
en el bolsillo de mi pantalón.

Confite Michimiau responde: —Entonces,
venid, señor, a mi almohadón.
Brindemos con un chupetín de leche,
pídoos mil perdones y perdón.

Hace ya cuatro días y ocho meses
de esta gran reconciliación.
Ton y Confite están jugando al ludo
y fuman una pipa de turrón.

Confite Michimiau está fundando
el club "Amigos del Ratón",
y Ton va a organizar una colecta
en pro del Michimiau sin almohadón.

Confite Michimiau y Ton Ratini
van a bailar el pericón.
Bailen, réquetebailen, amiguitos.
Muerdan, réquetemuerdan un bombón.

LA PÁJARA PINTA

Estaba la Pájara Pinta
sentadita en el verde limón.
Con el pico cortaba la rama,
con la rama cortaba la flor.
Ay ay ay,
dónde estará mi amor.

CANCIÓN TRADICIONAL

Yo soy la Pájara Pinta,
viuda del Pájaro Pintón.
Mi marido era muy alegre
y un cazador me lo mató,
con una escopetita verde,
el día de San Borombón.

Una bala le mató el canto
–y era tan linda su canción–
la segunda le mató el vuelo,
y la tercera el corazón.
Ay ay, la escopetita verde,
ay ay, mi marido Pintón.

Si al oírme se ponen tristes
a todos les pido perdón.
Ya no puedo cantar alegre
ni sentadita en el limón
como antes cuando con el pico
cortaba la rama y la flor.

Yo soy la Pájara Pinta,
si alguien pregunta dónde estoy
le dirán que me vieron sola
y sentadita en un rincón,
llorando de melancolía
por culpa de aquel cazador.

Al que mata los pajaritos
le brotará en el corazón
una bala de hielo negro
y un remolino de dolor.
Ay ay, la escopetita verde,
ay ay, mi marido Pintón.

MARCHA DEL REY BOMBO

Les vamos a contar
un cuento de maravilla:
la historia del Rey Bombo
y de la Reina Bombilla.

Por esta ventanita
el Rey mirará la luna,
y escupirá el carozo
cuando coma una aceituna.

Sobre esta linda alfombra
pondrá la Reina Bombilla
su zapatilla de oro,
su dorada zapatilla.

Al Rey Bombo le gusta
dormir y comer bananas,
armar rompecabezas,
soñar toda la semana.

¿Qué le gusta a la Reina,
a nuestra Reina Bombilla?
—Jugar a las barajas,
comer pan con mantequilla.

¿Y qué nos gusta a todos
que cantamos tan felices?
—Hacer la rueda rueda
y sonarnos las narices.

DON DOLÓN DOLÓN
(LA SEÑORA NOCHE)

Duermo en el aljibe
con mi camisón apolillado,
don dolón dolón,
duermo en el aljibe con mi camisón.

No son las polillas,
son diez mil estrellas que se asoman,
don dolón dolón,
por entre los pliegues de mi camisón.

Cuando sale el sol
tengo que meterme en el aljibe,
don dolón dolón,
duermo en el aljibe con mi camisón.

Cuando yo aparezco
todos duermen y la araña teje,
don dolón dolón,
salgo del aljibe con mi camisón.

A ver si adivinan,
a ver si adivinan quién es ésta,
don dolón dolón,
que está en el aljibe con su camisón.

TWIST DEL MONO LISO

La naranja se pasea
de la sala al comedor.
No me tires con cuchillo,
tírame con tenedor.

ANÓNIMO

¿Saben, saben lo que hizo
el famoso Mono Liso?
A la orilla de una zanja
cazó viva una naranja:
¡Qué coraje, qué valor!
Aunque se olvidó el cuchillo
en el dulce de membrillo,
la cazó con tenedor.

A la hora de la cena
la naranja le dio pena.
Fue tan bueno Mono Liso
que de postre no la quiso.
El valiente cazador
ordenó a su comitiva
que se la guardaran viva
en el refrigerador.

46

Mono Liso en la cocina,
con una paciencia china,
la domaba día a día:
la naranja no aprendía.
Mono Liso, con rigor,
al fin la empujó un poquito,
y dio su primer pasito
la naranja, sin error.

La naranja, Mono Liso
la mostraba por el piso.
Otras veces, de visita
la llevaba en su jaulita.
Pero un día entró un ladrón.
Se imaginan lo que hizo.
El valiente Mono Liso
dijo: —¡Ay, qué papelón!

A la corte del rey Bobo
fue a quejarse por el robo.
Mentiroso el rey promete
que la tiene el Gran Bonete.
Porque sí, con frenesí,
de repente dice Mono:
—¡Allí está, detrás del trono,
la naranja que perdí!

Mas la Reina dice: —Ojo,
que yo tengo mucho antojo
de comer una ensalada
de naranja amaestrada.
Mono Liso contestó:
—Comerá cuando usted quiera
tres sandías y una pera,
pero mi naranja, no.

Y la Reina sin permiso
del valiente Mono Liso
escondió en una sopera
la naranja paseandera.
Mono Liso la salvó,
pero a fuerza de tapioca
la naranja estaba loca
y este cuento se acabó.

CANCIÓN DEL ÚLTIMO TRANVÍA

El último tranvía
que rueda todavía
se va, se va, se va.
Qué lástima me da,
pues ya no volverá.

Por un caminito de aserrín
va el tranvía, tin tilín tilín.

Pide una manzana y no le dan
ni una esquina, tan talán talán.

Si un tranvía va por un jardín
se equivoca, tin tilín tilín.

Y si choca con un capitán
paga multa, tan talán talán.

Si a un tranvía le brota un jazmín
en el techo, tin tilín tilín,

las hormigas cómo viajarán
de contentas, tan talán talán.

Si un tranvía toma naranjín
se emborracha, tin tilín tilín.

Pero si un tranvía come pan
no se empacha, tan talán talán.

LA RANA PERDIDA

—¿Esta rana viene o va
por el río Paraná?
—Interroga en guaraní
muy orondo un surubí.

—Pues ċhamigo, no lo sé,
—le contesta un yacaré—,
y sin duda no es de aquí
porque yo jamás la vi.

Ella nada más y más,
todo el mundo va detrás,
pues les llama la atención
una rana en camisón.

A la orilla sale al fin,
a llorar bajo un jazmín.
Y los bichos del lugar
bien la quieren consolar.

—¡Voy buscando a mi mamá
por el río Paraná,
pero tanta natación
me hará mal al corazón!

Todos, con desinterés,
le regalan media nuez
que la lleve a navegar
por el río y por el mar.

Con un palo y un botón
improvisan el timón,
y han arriado ya la vela
de pellejo de ciruela.

Hacia Curuzú-Cuatiá
la ranita se nos va.
Con tristeza y mucha tos,
todos le dicen adiós.

CANCIÓN PARA VESTIRSE

—A levantarse,
—dijo la rana,
mientras espiaba
por la ventana.

Un pajarito
que está en la cama
busca el zapato
bajo la rama.

—Upa —dijeron
cuatro ratones,
y se quitaron
los camisones.

—No hallo mi flauta
—protestó el grillo,
y la tenía
en el bolsillo.

Una gallina
muerta de risa
se pone el gorro
y la camisa.

Medio dormido
dice el morrongo:
—Cuando madrugo
siempre rezongo.

Y el sapo dice:
—¡Qué disparate,
desayunarse
con chocolate!

Tira con tirita
Y ojal con botón.

CANCIÓN DE BAÑAR LA LUNA
(JAPONESA)

Ya la Luna
baja en camisón
a bañarse en un charquito
con jabón.

Ya la Luna
baja en tobogán
revoleando su sombrilla
de azafrán.

Quien la pesque
con una cañita de bambú,
se la lleva
a Siu Kiu.

Ya la Luna
baja de perfil
con un abanico chico
de marfil.

Ya la Luna,
como son las seis,
rueda por su escalerita
de carey.

Ya la Luna
viene en palanquín
a robar un crisantemo
del jardín.

Ya la Luna
viene por allí.
Su kimono dice: No, no
y ella: Sí.

Quien la pesque
con una cañita de bambú,
se la lleva
a Siu Kiu.

Ya la Luna
baja muy feliz,
a empolvarse con azúcar
la nariz.

Ya la Luna,
en puntas de pie,
en una tacita china
toma té.

Ya la Luna
vino y le dio tos
por comer con dos palitos
el arroz.

Ya la Luna
baja desde allá
y por el charquito Kito
nadará.

Quien la pesque
con una cañita de bambú,
se la lleva
a Siu Kiu.

DON ENRIQUE DEL MEÑIQUE

Ni dormido ni despierto
como todas las mañanas,
don Enrique del Meñique
tiene ganas, muchas ganas
de tomar su desayuno
con catorce Mediaslanas.

Don Enrique tiene casa
con muchísimos jardines,
y por entre sus rosales
se pasea con patines,
pero ¡ay! esa mañana
se enganchó los Pantalines.

Se imaginan qué porrazo,
se imaginan qué caída.
Allí cerca lo esperaba
una mesa bien servida:
don Enrique, de nariz,
se cayó en la Mermelida.

Don Enrique pataleaba:
"¡Los bomberos, accidente!".
Nadie, nadie lo escuchaba,
pero en el balcón de enfrente,
atraído por los gritos
asomose un Elefente.

Estiró bien la trompita
tras las rejas de su cucha,
pero el pobre era tan miope
que después de mucha lucha,
en lugar de don Enrique
levantó una Cucarucha.

Pero al fin llegó el bombero
todo envuelto en una cinta.
Lo que había en su manguera
no era agua, sino tinta,
y empuñaba, en vez del hacha,
un dorado Sacapinta.

Don Enrique dio las gracias
al bombero papanata,
que después de rescatarlo
de aventura tan ingrata,

pedaleando para atrás
se alejó en su Biciclata.

Don Enrique dijo: —¡Al fin,
podré darme mi banquete!
pero vio con gran sorpresa
a un morrongo meterete
sumergido de cabeza
en su bol de Chocolete.

El morrongo comilón
se marchó tal como vino,
y un perrito pekinés
empezó a ladrar en chino
porque el pobre don Enrique
se quedó sin Desayino.

CANCIÓN DE LA VACUNA

Había una vez un bru,
un brujito que en Gulubú
a toda la población
embrujaba sin ton ni son.

Paseaba una vez Mambrú
por el bosque de Gulubú.
El brujito se acercó
y el resfrío le contagió.

La vaca de Gulubú
no podía decir ni mu.
El brujito la embrujó
y la vaca se enmudeció.

Los chicos eran muy bu,
burros todos en Gulubú.
Se olvidaban la lección
o sufrían de sarampión.

Pero entonces llegó el Doctorrrr
manejando un cuatrimotorrrr.
¿Y saben lo que pasó?
¿No?
Todas las brujerías
del brujito de Gulubú
se curaron con la vacú
con la vacuna
luna luna
lu.

Ha sido el brujito el u,
uno y único en Gulubú
que lloró, pateó y mordió
cuando el médico lo pinchó.

Y después se marchó el Doctorrrr
manejando el cuatrimotorrrr.

CANCIÓN DEL JACARANDÁ

Al este y al oeste
llueve y lloverá
una flor y otra flor celeste
del jacarandá.

La vieja está en la cueva
pero ya saldrá
para ver qué bonito nieva
del jacarandá.

Se ríen las ardillas,
ja jajá jajá,
porque el viento le hace cosquillas
al jacarandá.

El cielo en la vereda
dibujado está
con espuma y papel de seda
del jacarandá.

64

El viento como un brujo
vino por acá.
Con su cola barrió el dibujo
del jacarandá.

Si pasa por la escuela,
los chicos, quizá,
se pondrán una escarapela
de jacarandá.

EN EL PAÍS DE NOMEACUERDO

En el país de Nomeacuerdo
doy tres pasitos y me pierdo.

Un pasito para allí,
no recuerdo si lo di.
Un pasito para allá,
ay qué miedo que me da.
Un pasito para atrás
y no doy ninguno más
porque ya, ya me olvidé
dónde puse el otro pie.

CANCIÓN DEL JARDINERO

Mírenme, soy feliz
entre las hojas que cantan
cuando atraviesa el jardín
el viento en monopatín.

Cuando voy a dormir
cierro los ojos y sueño
con el olor de un país
florecido para mí.

Yo no soy un bailarín
porque me gusta quedarme
quieto en la tierra y sentir
que mis pies tienen raíz.

Una vez estudié
en un librito de yuyo
cosas que sólo yo sé
y que nunca olvidaré.

Aprendí que una nuez
es arrugada y viejita,
pero que puede ofrecer
mucha, mucha, mucha miel.

Del jardín soy duende fiel,
cuando una flor está triste
la pinto con un pincel
y le toco el cascabel.

Soy guardián y doctor
de una pandilla de flores
que juegan al dominó
y después les da la tos.

Por aquí anda Dios
con regadera de lluvia
o disfrazado de sol
asomando a su balcón.

Yo no soy un gran señor,
pero en mi cielo de tierra
cuido el tesoro mejor:
mucho, mucho, mucho amor.

LA CALLE DEL GATO QUE PESCA

Peligroso es
andar por la Ca,
la Calle del Ga,
del Gato que Pes,
que Pesca y después
se esconde y escá-
pa pa pa pa.

¿Lo ves o no lo ves
al Gato que Pes?
allí, allí,
sentado en su ventaní.

A la gente que
pasa distraí,
el Gato bandí
con caña y anzué

les pesca el sombré,
sombrero y el mo-
ño ño ño ño.

Pues el Gato así
pescó mi galé,
turbantes, boné-
tes y capelí
de gente que pa-
bajo su ventá-
na na na na.

Poquito a poquí,
debajo su cu-
cha ya tiene u-
na sombrererí,
mientras se resfrí
la gente y se empá-
pa pa pa pa.

El Gato francés,
con tanto sombré,

nadie sabe qué
qué hace después,
y el asunto es
es que se disfrá-
za za za za.

Ya la policí
buscándolo está
de aquí para allá
al Gato bandí
que se esconde, y
es muy misterió-
so so so so.

Pero el Gato un dí
salió disfrazá
con gorra de la
de la policí.
Disfrazado así
dio una caminá-
ta ta ta ta.

Así disfrazá
oyó la denún-
cia de un transeún
contra un Gato ma,
porque le ha robá
robado el boné-
te te te te.

El Gato no pue
decirle: Soy yo.
Confundido, no
tiene más remé
que llevarse pre,
preso al calabó-
zo zo zo zo.

CANCIÓN DE TITINA

¿Por dónde camina
la hormiga Titina
con una sombrilla
de flor amarilla?
Ay, que trastabilla.

Camina con maña
por la telaraña,
porque tiene en vista
ser equilibrista.
Es muy deportista.

—¡Titina, no sigas!
—gritan las hormigas—.
¡De mala manera
la Araña te espera
con una tetera!

—En cuanto se asome
te caza y te come.
Y Titina ¡zas!
se cae para atrás,
del susto nomás.

La Araña se asoma
y dice: —Qué broma,
hoy me quedaré
sin tomar el té.
Y adelgazaré...

A regañadientes
se quita los lentes,
y cierra el balcón
con desilusión,
la Araña en batón.

Titina en la tela
perdió tres chinelas.
Con las otras tres,
puestas al revés,
baila chamamés.

CANCIÓN DEL ESTORNUDO

En la guerra le caía
mucha nieve en la nariz,
y Mambrú se entristecía.
Atchís.

Como estaba tan resfriado
disparaba su arcabuz
y salían estornudos.
Atchús.

En mitad de la batalla
se sonaba la nariz
con un pañuelito blanco.
Atchís.

Con el frío y el resfrío
le dio tanto patatús,
que al ratito pidió gancho.
Atchús.

Los soldados se sentaron
a la sombra de un fusil
a jugar a las barajas.
Atchís.

Mientras hasta la farmacia
galopando iba Mambrú,
y el caballo estornudaba.
Atchús.

Le pusieron cataplasmas
de lechuga y aserrín,
y el termómetro en la oreja.
Atchís.

Se volcó en el uniforme
el jarabe de orozuz,
cuando el boticario dijo:
Atchús.

Le escribió muy afligido
una carta al rey Pepín,
con las últimas noticias.
Atchís.

Cuando el rey abrió la carta
la miró bien al trasluz,
y se contagió en seguida.
Atchús.

"¡Que suspendan esa guerra!"
ordenaba el rey Pepín.
Y la Reina interrumpía:
Atchís.

Se pusieron muy contentos
los soldados de Mambrú,
y también los enemigos.
Atchús.

A encontrarse con su esposa
don Mambrú volvió a París.
Le dio un beso y ella dijo:
Atchís.

Es mejor la paz resfriada
que la guerra con salud.
Los dos bailan la gavota.
Atchús.

MANUELITA LA TORTUGA

Manuelita vivía en Pehuajó
pero un día se marchó.
Nadie supo bien por qué
a París ella se fue,
un poquito caminando
y otro poquitito a pie.

Manuelita una tarde se miró
en un charco y se afligió.
Dijo: —Yo no sé por qué
estoy arrugandomé,
si desde hace ochenta años
tengo un cutis de bebé.

Manuelita una vez se enamoró
de un tortugo que pasó.
Dijo: —¿Qué podré yo hacer?
Vieja no me va a querer;
en Europa y con paciencia
me podrán embellecer.

Manuelita por fin llegó a París
en los tiempos del rey Luis.
Se escondió bajo un colchón
cuando la Revolución,
y al oír la Marsellesa
se asomó con precaución.

En la tintorería de París
la pintaron con barniz,
la plancharon en francés
del derecho y del revés,
le pusieron peluquita
y botines en los pies.

Tantos años tardó en cruzar el mar,
que allí se volvió a arrugar,
y por eso regresó
vieja como se marchó,
a buscar a su tortugo
que la espera en Pehuajó.

Manuelita, Manuelita,
Manuelita dónde vas
con tu traje de malaquita
y tu paso tan audaz.

EL REINO DEL REVÉS

Me dijeron que en el Reino del Revés
nada el pájaro y vuela el pez,
que los gatos no hacen miau y dicen yes,
porque estudian mucho inglés.

Vamos a ver cómo es
el Reino del Revés.

Me dijeron que en el Reino del Revés
nadie baila con los pies,
que un ladrón es vigilante y otro es juez,
y que dos y dos son tres.

Vamos a ver cómo es
el Reino del Revés.

Me dijeron que en el Reino del Revés
cabe un oso en una nuez,
que usan barbas y bigotes los bebés,
y que un año dura un mes.

Vamos a ver cómo es
el Reino del Revés.

Me dijeron que en el Reino del Revés
hay un perro pekinés,
que se cae para arriba y una vez...
no pudo bajar después.

Vamos a ver cómo es
el Reino del Revés.

Me dijeron que en el Reino del Revés
un señor llamado Andrés
tiene 1530 chimpancés
que si miras no los ves.

Vamos a ver cómo es
el Reino del Revés.

Me dijeron que en el Reino del Revés
una araña y un ciempiés
van montados al palacio del Marqués
en caballos de ajedrez.

Vamos a ver cómo es
el Reino del Revés.

CHACARERA DE LOS GATOS

Tres morrongos elegantes
de bastón, galera y guantes,
dando muchas volteretas
prepararon sus maletas.

Toda la ratonería
preguntó con picardía:
—¿Micifuces, dónde van?
—Nos vamos a Tucumán.

Pues les han pasado el dato
que hay concursos para gato*,
los tres michis allá van
en tranvía a Tucumán.

Con cautela muy gatuna
cruzan la Mate de Luna,

---

*Gato y Chacarera: danzas populares de la República Argentina.

y se tiran de cabeza
al Concurso de Belleza.

Mas como el concurso era
para Gato... y Chacarera,
los echaron del salón
sin ninguna explicación.

Volvieron poco después,
las galeras al revés,
con abrojos en el pelo
y las colas por el suelo.

Le maullaron la verdad
a toda la vecindad:
—¡Tucumán es feo y triste
porque el gato allá no existe!

Los ratones escucharon
y en seguida se marcharon.
Los ratones allá van,
en tranvía a Tucumán.

EL SHOW DE PERRO SALCHICHA

Perro Salchicha gordo bachicha
toma solcito a la orilla del mar.
Tiene sombrero de marinero
y en vez de traje se puso collar.

Una gaviota medio marmota,
bizca y con cara de preocupación
viene planeando, mira buscando
el desayuno para su pichón.

Pronto aterriza porque divisa
un bicho gordo como un salchichón.
Dice "qué rico" y abriendo el pico
pesca al perrito como a un camarón.

Perro Salchicha con calma chicha
en helicóptero cree volar.
La pajarraca cómo lo hamaca
entre las nubes y arriba del mar.

Así lo lleva hasta la cueva
donde el pichón se cansó de esperar.
Pone en el plato liebre por gato,
cosa que a todos nos puede pasar.

El pichón pía con energía,
dice: —Mamá, te ha fallado el radar;
el desayuno es muy perruno,
cuando lo pico se pone a ladrar.

Doña Gaviota va y se alborota,
Perro Salchicha un mordisco le da.
En la pelea, qué cosa fea,
vuelan las plumas de aquí para allá.

Doña Gaviota: ojo en compota.
Perro Salchicha con más de un chichón.
Así termina la tremolina,
espero que servirá de lección:

El que se vaya para la playa
que desconfíe de un viaje en avión,
y sobre todo haga de modo
que no lo tomen por un camarón.

CANCIÓN DE TOMAR EL TÉ

Estamos invitados
a tomar el té.
La tetera es de porcelana
pero no se ve.

La leche tiene frío
y la abrigaré:
le pondré un sobretodo mío
largo hasta los pies.

Cuidado cuando beban,
se les va a caer
la nariz dentro de la taza,
y eso no está bien.

Aquí las servilletas
hacen buen papel:
se convierten en conejitos
y echan a correr.

Detrás de una tostada
se escondió la miel.
La manteca, muy enojada,
la retó en inglés.

Mañana se lo llevan
preso a un coronel
por pinchar a la mermelada
con un alfiler.

Parece que el azúcar
siempre negra fue,
y de un susto se puso blanca
tal como la ven.

Un plato timorato
se casó anteayer.
A su esposa la cafetera
la trata de usted.

Los pobres coladores
tienen mucha sed
porque el agua se les escapa
cada dos por tres.

Yo no sé por qué.

BAGUALA DE JUAN POQUITO

Yo lo escucho
Juan Poquito
canta mucho.

Me parece que hay un Grillo
en la noche tucumana
que no canta con el pico
pero llora con las alas.

Juan Poquito se lamenta
que su novia la Chicharra
de repente y sin aviso
se le ha ido para Salta.

La Chicharra se le ha ido
pero no por ser ingrata,
se marchó porque tenía
su casita en una chala.

Hace nada más que un rato
al pasar un tren de carga

se llevó todos los choclos
con casita y con Chicharra.

Juan Poquito trepa a un árbol
y le manda un telegrama
por telégrafo sin hilos
a través de las montañas.

La Chicharra está llorando
locamente achicharrada
cuando escucha a Juan Poquito
que tristísimo la llama.

La Chicharra le contesta
por teléfono "de nada"
y le pide casamiento
pa' cuando le dé la gana.

Se casaron en seguida
Juan Poquito y la Chicharra,
a la vuelta de un carozo
entre Tucumán y Salta.

EL CISNE QUE LADRA

En una noche de luna,
en una noche de paz,
por la laguna
va y se desliza
como una S de tiza
un ladrón con antifaz.

Todo el mundo está en su cucha
roncando en tono menor,
y nadie escucha
ni desconfía
porque un pato policía
monta guardia alrededor.

En el agua hay un tesoro
que de día no se ve:
pepitas de oro,
rayos de plata,
tesoro de algún pirata
que lo abandonó y se fue.

Viene armado el delincuente
de un mapa y colador.
Tranquilamente
por la laguna
roba toda la fortuna
con modales de señor.

Llega el pato policía
y diciendo cua cua cua
lo desafía
mas no lo atrapa,
que el cisne ladrón escapa
a toda velocidad.

Cuando aclare en la laguna
anda a verlo y lo verás:
de la fortuna
no quedan huellas
porque el cisne robó estrellas.
Nada menos, nada más.

MARCHA DE OSÍAS

Osías el osito en mameluco
paseaba por la calle Chacabuco
mirando las vidrieras de reojo
sin alcancía pero con antojo.

Por fin se decidió y en un bazar
todo esto y mucho más quiso comprar.

Quiero tiempo pero tiempo no apurado,
tiempo de jugar que es el mejor.
Por favor me lo da suelto y no enjaulado
adentro de un despertador.

Osías el osito en el bazar
todo esto y mucho más quiso comprar.

Quiero un río con catorce pescaditos
y un jardín sin guardia y sin ladrón.
También quiero para cuando esté solito
un poco de conversación.

Osías el osito en el bazar
todo esto y mucho más quiso comprar.

Quiero cuentos, historietas y novelas
pero no las que andan a botón.
Yo las quiero de la mano de una abuela
que me las lea en camisón.

Osías el osito en el bazar
todo esto y mucho más quiso comprar.

Quiero todo lo que guardan los espejos
y una flor adentro de un raviol
y también una galera con conejos
y una pelota que haga ¡gol!

Osías el osito en el bazar
todo esto y mucho más quiso comprar.

Quiero un cielo bien celeste aunque me cueste
de verdad, no cielo de postal,
para irme por el este y el oeste
en una cápsula espacial.

Osías el osito en el bazar
todo esto y mucho más quiso comprar.

EL ADIVINADOR

La señora Nube Blanca
se encontró con un señor.
Le dijo: —Sos un cochino,
vas todo sucio de carbón.
Don Humo, muy ofendido,
¿saben qué le contestó?

Adivinador, adivina.
Adivina, adivinador.

La señora doña Luna
se encontró con un señor.
Le dijo: —Andate viejito
porque ya es tarde para vos.
Don Sol, muy avergonzado,
¿saben qué le contestó?

Adivinador, adivina.
Adivina, adivinador.

La señora doña Lluvia
se encontró con un señor.
Le dijo: —No me despeines
la peluquita, por favor.
Don Viento, muy prepotente,
¿saben qué le contestó?

Adivinador, adivina.
Adivina, adivinador.

La señora doña Estrella
se encontró con un señor.
Le dijo: —Por pura envidia
me querés arruinar el show.
Don Nubarrón, divertido,
¿saben qué le contestó?

Adivinador, adivina.
Adivina, adivinador.

LA REINA BATATA

Estaba la Reina Batata
sentada en un plato de plata.
El cocinero la miró
y la Reina se abatató.

La Reina temblaba de miedo,
el cocinero con el dedo
–que no que sí, que sí que no–
de mal humor la amenazó.

Pensaba la Reina Batata:
—Ahora me pincha y me mata.
Y el cocinero murmuró:
—Con ésta sí me quedo yo.

La Reina vio por el rabillo
que estaba afilando el cuchillo.
Y tanto, tanto se asustó
que rodó al suelo y se escondió.

Entonces llegó de la plaza
la nena menor de la casa.
Cuando buscaba su yo-yó
en un rincón la descubrió.

La nena en un trono de lata
la puso a la Reina Batata.
Colita verde le brotó
(a la Reina Batata, a la nena no).

Y esta canción se terminó.

CANCIÓN DEL CORREO

Veo veo veo
vuelan estampillas por el correo.
Mariposas son
que de noche duermen en el buzón.

La Paloma Mensajera
jefa de la sucursal
en el pico tiene un sobre
y en el sobre una postal.

Ya no sabe qué sucede
con el sello fechador:
pinta en vez de fechas negras
monigotes de color.

De repente un telegrama
se dobló como un avión
y salió por la ventana
volando en tirabuzón.

Muchas letras se levantan
de su cuna de papel
y se escapan caminando
como hormigas en tropel.

Las mayúsculas se caen
en la cola de pegar
pero como son tan gordas
no se pueden levantar.

Para colmo una encomienda
se desanudó el piolín
y se fue muy desenvuelta
a jugar con aserrín.

La Paloma se pasea
del pupitre al pizarrón
con los lentes en la pata
de la desesperación.

La Paloma está nerviosa,
la Paloma está tan mal
que se emborrachó de tinta
y se come el delantal.

Veo veo veo
vuelan estampillas por el correo.
Mariposas son
que de noche duermen en el buzón.

ZAMBA DEL NIÑITO

En este ranchito
está el Niño Dios
sentado en su cuna
y esperandonós.

El niño bonito
se puso a llorar
y la mamadera
le dio su mamá.

Jesusito ay sí
no se duerme ay no.
Le cantan los pajaritos
el arrorró.

Por una ventana
se asomó José.
Vio una vaca blanca
y también un buey.

Muchos angelitos
andan por aquí
vestidos de seda
tocando el violín.

Jesusito ay sí
no se duerme ay no.
Le cantan los pajaritos
el arrorró.

TRALALÁ DE NOCHEBUENA

En Belén ha nacido un niño
con tres pecas en la nariz.
Las campanas se despiertan,
todo el mundo está feliz.

Cuando vengan los Reyes Magos
yo no sé qué van a decir,
porque no tiene zapatos
ni siquiera un escarpín.

Su mamá la Virgen María
se pasea por el jardín
con mantilla de rocío
y corona de jazmín.

San José en la carpintería
toca el bombo y el tamboril.
Tiene barba de viruta
y bigote de aserrín.

Una burra con tres burritos
de visita llegó hasta allí
y una vaca con cencerro
que hace tin tilín tilín.

Tralalá qué felicidad
reír y cantar para Navidad.

COPLAS PARA NAVIDAD

No sé de dónde vengo
y voy para Belén.
Belén está muy lejos,
hay que tomar el tren,
cruzar el mar en coche,
después seguir a pie.

Belén no está lejos,
cerca está Belén.
Queda donde todos
nos portamos bien.

Se me ha perdido un niño
y no lo puedo hallar.
Lo andoy buscando a tientas
con gran necesidad.
Lo llamo y no contesta.
Yo llego y él se va.

El Niño está cerca,
ahí nomás está,
durmiendo tranquilo
junto a su mamá.

Recuerdo que hace añares
solíamos jugar.
Los dos éramos changos,
pero una Navidad
me fui para ser grande
y ya no lo vi más.

Pero Él no se cansa
nunca de jugar.
Sigue siendo chango
para Navidad.

Mis penas van delante,
mis culpas van detrás.
Hemos andado leguas,
ya no podemos más.
Y el Niño aquel quién sabe
si me recordará.

El Niño te espera,
ésa es la verdad,

metido en el hondo
de tu soledad.

Le llevo mil regalos
en cajas de cardón,
y voy con mucho miedo
porque alguien me contó
que el chango amigo mío
ahora es gran señor.

No le lleves nada,
nada, por favor,
más que un paquetito
con tu corazón.

Si un día al fin lo encuentro
¿cómo he de hablarle yo?
Me han dicho que parece
más sabio que un doctor,
y yo no sé latines
ni soy muy rezador.

No le digas nada
que es mucho mejor.
Cantale una copla
si te queda voz.

EL SEÑOR RAVEL

Llegó a Montfort-l'Amaury
un gato de cascabel,
abrió la puerta cancel
y preguntó: —¿Vive aquí, vive aquí
el señor Ravel?

Cuando a la sala pasó
el gato de cascabel,
sacó un montón de papel
y con un miau se lo dio, se lo dio
al señor Ravel.

Cuando el señor los leyó
vio que decían así:
do re mi fa sol la si.
Y entonces fue, los guardó, los guardó
en un popurrí.

Luego al compás del reló
el gato de cascabel
bailó con un carretel
y un miau en do le cantó, le cantó
al señor Ravel.

Muy finamente pidió
el gato de cascabel
permiso al señor Ravel
y en el salón se quedó, se quedó
a vivir con él.

Sentado sobre el marfil
el gato de cascabel
le daba vuelta el papel
que estaba sobre el atril, el atril
del señor Ravel.

MIRANDA Y MIRÓN

Miranda la lechuza
y Mirón el lechuzón
miran un partido
de ping-pong.
Patapín patapón
y patapín y patapón,
Mirón y Miranda
Miranda y Mirón.

La pelotita saltarina
les llama mucho la atención
pero la miran por las dudas
con intelectual reprobación.

Críticos con idea fija
miran con pésima intención
y chistan a la pelotita
para demostrar qué cultos son.

El tiempo pasa y ellos siempre
dicen que no, que no, que no,
sin darse cuenta que el partido
hace un año y medio que acabó.

EL SEÑOR JUAN SEBASTIÁN

No son los ángeles que cantan,
no son los pájaros ni el mar,
es un señor lleno de cielo,
el señor Juan Sebastián.

Hace muchísimos inviernos
que lloriqueando en alemán
nació entre fusas y corcheas
el señor Juan Sebastián.

Era chiquito y las canciones
que le enseñaba su papá
las repetía para siempre
el señor Juan Sebastián.

Era gordito y con peluca,
indispensable como el pan
y cascarrabias a menudo
el señor Juan Sebastián.

Soñando en órgano y en clave,
a su país angelical
llevaba a príncipes y a pobres
el señor Juan Sebastián.

Está contándonos un cuento
que no terminará jamás.
Dios le dictaba el argumento
al señor Juan Sebastián.

EL MONO MOTO LOCO

Qué monada era Agapito,
Agapito el chimpancé.
Era un santo de chiquito
cuando sólo andaba a pie.

Prometía ser el ángel
de los monos, pero no.
Se hizo bruto cuadrumano
cuando se motorizó.

Le crecieron los colmillos,
se le enronqueció la voz
y se puso mitad diablo
y mitad lobo feroz.

Basta ya
de alboroto
con la moto.
Para qué
si es mejor andar a pie.

Los vecinos tiemblan todos
cuando pasa el animal,
se derrumban los espejos
y las copas de cristal.

Los vecinos están presos
del petardo corredor,
juegan al oficio mudo,
no oyen el televisor.

Agapito corre y corre
transformado en malhechor,
sin cuchillo ni pistola,
solamente con motor.

Propietario de la calle
y ministro del terror,
bachiller en terremotos
y pichón de dictador.

Cuando estaban ya por darle
su carnet de criminal,
con la moto de sombrero
fue a parar al hospital.

Tiene yeso hasta en las uñas
pero está bastante bien.
esperemos que no sea
contagioso el mal. Amén.

CANCIÓN ROBADA

Esta canción se la robé
a la brisa y también a usted
que distraído la silbó
justo cuando pasaba yo.

Un pajarito la escuchó
y en su pico se la llevó
y atravesando tierra y mar
la repitió la humanidad.

Esta canción no tiene autor
es del grillo y del ruiseñor
y un niño la regalará
en caso de necesidad.

De trovador en robador
y de cantor en compositor

será de quien
la cante bien.
Y el que me robe mi canción
tendrá mil años de perdón.

LA CLARA FUENTE
(CANCIÓN TRADICIONAL CANADIENSE)

Al agua de una fuente
un día me acerqué
buscando la frescura
para calmar mi sed.

Debajo de una encina
me adormecí después.
Un ruiseñor cantaba
acompañandomé.

En lo alto de una rama
cantaba por placer.
Ay quién tuviera el alma
del ruiseñor aquel.

Alguien ya no me ama
por culpa de un clavel
que me pedía siempre
y nunca le corté.

Cuando el clavel marchito
florezca como ayer
será posible entonces
que me ames otra vez.

Te quise toda la vida
y nunca te olvidaré.

CANCIÓN DE LAS MANZANITAS

¿Quién está regalando
maravillada,
nieve que por el valle
se desparrama?

¿Quién vive en Río Negro
de buena gana?
La manzanita verde,
la manzanita colorada.

¿Quién, quién, quién,
dicen los árboles de Neuquén,
baja en caja
por el terraplén?
¿Quién?

¿Quién está perfumando
la madrugada
con un color que alegra
y otro que lava?

¿Quién mira Río Negro
desde una rama?
La manzanita verde,
la manzanita colorada.

¿Quién, quién, quién?

¿Quién está madurando
muy asoleada
luego en papel morado
mora guardada?

¿Quién deja Río Negro
de mala gana?
La manzanita verde,
la manzanita colorada.

¿Quién?

CANTAR CANCIONES

Quién pudiera
cantar una canción cualquiera,
sencilla
como el agua de la canilla.
Canción que pronto se olvida
pero dura toda la vida.

Cantar canciones
para los que no tienen ilusiones,
poesía
para los que perdieron la alegría.

Canción con piano
para los que pasean de la mano,
con flores
que sirvan para niños y mayores.

*Seguir y seguir
cantando canciones para convivir.*

Canción barata
para los que no piensan más que en plata.
Dorada
para los pobres que no tienen nada.

Canción amiga
para los que se mueren de fatiga.
Canciones
para los que padecen en prisiones.

Seguir y seguir
cantando canciones para convivir.

DATOS BIOGRÁFICOS DE MARÍA ELENA WALSH

Poeta, novelista, cantante, compositora, guionista de teatro, cine y televisión, es una figura esencial de la cultura argentina. Nació en Buenos Aires, en 1930.

Estudió en la Escuela Nacional de Bellas Artes. A los quince años comenzó a publicar sus primeros poemas en distintas revistas y medios, y dos años después, en 1947, apareció su primer libro de versos: *Otoño imperdonable*. En 1952 viajó a Europa donde integró el dúo Leda y María, con la folclorista Leda Valladares, y juntas grabaron varios discos. Hacia 1960, de regreso a la Argentina, escribió programas de televisión para chicos y para grandes, y realizó el largometraje Juguemos en el mundo, dirigida por María Herminia Avellaneda. En 1962 estrenó *Canciones para Mirar* en el teatro San Martín, con tan buena recepción por parte del público infantil que, al año siguiente, puso en escena *Doña Disparate y Bambuco*, con idéntica respuesta. En la misma década, nacieron muchos de sus libros para chicos: *Tutú Marambá* (1960), *Zoo Loco* (1964), *El Reino del Revés* (1965), *Dailan Kifki* (1966), *Cuentopos de Gulubú* (1966) y *Versos tradicionales para cebollitas* (1967). Su producción infantil abarca, además, *El diablo inglés* (1974), *Chaucha y Palito* (1975), *Pocopán* (1977), *La nube traicionera* (1989), *Manuelita ¿dónde vas?* (1997) y *Canciones para Mirar* (2000).

Sus creaciones se han constituido en verdaderos clásicos de la literatura infantil, cuya importancia trasciende las fronteras del país, ya que han sido traducidas al inglés, francés, italiano, sueco, hebreo, danés y guaraní.

Entre sus personajes más famosos se destaca *Manuelita* la tortuga, que fue llevado al cine en dibujos animados con gran éxito.

En 1991 fue galardonada con el Highly Commended del Premio Hans Christian Andersen de la IBBY (International Board on Books for Young People).

ÍNDICE

Esta primera edición de
Canciones para Mirar
se terminó de imprimir
en el mes de setiembre de 2000
en Arcángel Maggio S.A.,
Lafayette 1695,
Buenos Aires,
República Argentina.